Bibliografische Information der Deutschen Nationalbibliothek:

Die Deutsche Bibliothek verzeichnet diese Publikation in der Deutschen National-
bibliografie; detaillierte bibliografische Daten sind im Internet über http://dnb.d-
nb.de/ abrufbar.

Impressum:

Copyright © 2013 GRIN Verlag, Open Publishing GmbH
Druck und Bindung: Books on Demand GmbH, Norderstedt Germany
ISBN: 9783656553533

Dieses Buch bei GRIN:

http://www.grin.com/de/e-book/265690/potenziale-und-risiken-von-big-data-in-
smart-grids

Jurij Weinblat

Potenziale und Risiken von Big Data in Smart Grids

GRIN Verlag

Universität Duisburg-Essen

Lehrstuhl für Datenverarbeitung und Wissensrepräsentation

Seminararbeit
Wirtschaftsinformatik

Potenziale und Risiken von Big Data in Smart Grids

Vorgelegt dem Fachbereich Wirtschaftswissenschaften
der Universität Duisburg-Essen von

Jurij Weinblat

abgegeben am 14.05.2013

Studiensemester: 4 (Sommersemester 2013)
Voraussichtlicher
Studienabschluss: Wintersemester 2013/14

Inhaltsverzeichnis

1. Einleitung

Intelligente Stromnetze oder auch Smart Grids sind seit kurzer Zeit in aller Munde, da sie mittlerweile auch in Tages- und Wochenzeitungen diskutiert werden. Der Grund hierfür ist u. a. die Tatsache, dass sie in der Lage sein sollen, den steigenden Anteil an erneuerbaren Energiequellen wie Solar- und Windenergie effizient zu integrieren (Hintz & Kulka, 2010, S. 7). Dieser Anteil soll im Zuge der in Deutschland beschlossenen Energiewende bis zum Jahre 2050 auf mindestens 80 % ansteigen (Bundesministerium für Umwelt, Naturschutz und Reaktorsicherheit, 2011) und wird die Ausfallsicherheit des deutschen Stromnetzes wegen der Schwankungen und der Unkontrollierbarkeit dieser Energieformen vor neue Herausforderungen stellen (Knab, Strunz, & Lehmann, 2010, S. 6). Die steigende Anzahl von Elektroautos auf deutschen Straßen wird zugleich die Belastung der Netze erhöhen (Hintz & Kulka, 2010, S. 7).

Aus der Tatsache, dass die Effizienz und Effektivität eines solchen intelligenten Stromnetzes umso höher ist, je mehr Wissen und Kontrolle darüber besteht (Die österreichische Technologieplattform zum Thema Smart Grid), wird bereits deutlich, warum einer funktionierende Wissensextraktion aus Daten von z. B. Photovoltaikanlagen oder Elektroautos eine hohe Bedeutung zukommt.

Abgesehen davon ergeben sich durch die Kombination der Datenanalyse und Smart Grids komplett neue Geschäftsmodelle, denen das Potenzial zugesprochen wird, bestehende Tätigkeitsbereiche von Energieunternehmen zu revolutionieren (Leopold, 2012). Ein Beispiel dafür ist die Möglichkeit der Energieunternehmen, dem Verbraucher eine hohe Transparenz über seinen Energieverbrauch und die Herkunft dieser Energie zu ermöglichen (Bühler & Beckert, 2012, S. 22) und den Energiebedarf zudem besser vorhersagen zu können (Hossain, Han, & Poor, 2012, S. 3).

Big Data befasst sich mit riesigen Datenmengen, die oft unstrukturiert vorliegen, aus zahlreichen Quellen stammen und trotzdem sehr schnell verarbeitet werden (Mayer-Schönberger & Cukier, 2013, S. 199). Big Data ermöglicht die Datenanalysen im Smart Grid Bereich innerhalb von Stunden und nicht mehr innerhalb von Wochen durchzuführen (Tetpon, 2011). Wegen dieser und anderer Chancen sprechen einige Medien von einem Big Data „Boom" im Energiesektor (Taube, 2012).

Trotz all dieser vielversprechenden Potenziale wird in der Literatur an vielen Stellen deutlich, dass das Eintreten dieser Potenziale angezweifelt wird (Haskell, 2013, S. 4). Zudem ist auffällig, dass an den im Zuge der Big Data Projekte eingesetzten Verfahren kaum Kritik geäußert und nicht auf deren Grenzen eingegangen wird. Deswegen besteht die akute Gefahr, dass sich der „Gartner's Hype Cycle" bewahrheitet und in wenigen Jahren zahlreiche Akteure im Smart Grid Sektor zur Einsicht gelangen, dass sich große Teile ihrer Investitionen in die Datenanalyseprojekte nicht auszahlen werden (LeHong & Fenn, 2012). Da der Markt für entsprechende Technologien als Milliardenmarkt angesehen wird, dürften diese Fehlinvestitionen beträchtliche finanzielle Folgen haben (Fehrenbacher, 2011).

Dieser Entwicklung Rechnung tragend wird in dieser Seminararbeit auf die Potenziale und Probleme von Big Data im Smart Grid Bereich eingegangen und zudem dargestellt, welche Arten von Daten sich in der Praxis herauskristallisiert haben.

1.1 Gang der Arbeit

Nachdem nun die Problemstellung skizziert wurde, wird in diesem Abschnitt dargestellt, wie diese Seminararbeit aufgebaut ist und auf welche Art diese Problemstellung adressiert wird.

So wird zuerst erläutert, was in dieser Arbeit unter dem Begriff „Smart Grid" verstanden wird. Dies ist wichtig, da in der Literatur kein einheitliches Verständnis dieses Begriffes besteht. In diesem Zuge werden drei Rollen, die unterschiedliche am Smart Grid beteiligten Akteure bekleiden können, aufgezeigt und deren Anforderungen an dieses Stromnetz skizziert. Diese Rollen werden als Strukturierungskonzept in den folgenden Kapiteln wiederaufgegriffen.

Im dritten Kapitel wird dann der „Big Data" Begriff dieser Arbeit definiert, der in der Literatur ebenfalls uneinheitlich verwendet wird. Im Anschluss daran wird dargestellt, welche Arten von Daten potenziell geeignet zu sein scheinen, signifikantes Wissen für das Smart Grid zu generieren. Dies ist insbesondere deswegen von Bedeutung, da die im Zuge dieser Ausarbeitung betrachteten Projekte auf zum Teil unterschiedliche Datenarten zurückgreifen, sodass eine Übersicht einen Mehrwert verschaffen sollte. Neben der Erläuterung der Software, die im Big Data Bereich von Bedeutung ist, werden im Verlauf dieses Kapitels auch die Potenziale und Probleme von Data Mining aufgezeigt. Hierbei wird auf Erfahrungswerte aus Projekten, auf Überlegungen aus theoretischen Ausarbeitungen aus dem Smart Grid Bereich aber auch Literatur aus dem Bereich Statistik zurückgegriffen.

Zum Schluss wird ein Fazit gezogen und Ansatzpunkte für zukünftige Forschungsvorhaben aufgezeigt.

Bereits an dieser Stelle sei gesagt, dass der überwiegende Teil der Literatur zu Smart Grid und Big Data wissenschaftlichen Ansprüchen nicht genügen dürfte, da diese Literatur oftmals von IT-Unternehmen, Energieunternehmen, Banken und Unternehmensberatungen verfasst wurde. Diesen Unternehmen kann unterstellt werden, im höchsten Maße subjektiv zu sein, da ihre Motivation diese Literatur zu verfassen nicht der Beitrag zu einer kritischen Diskussion ist, sondern die Teilhabe an möglichst vielen Big Data Projekten in diesem Markt. Aus Mangel an wissenschaftlicher Literatur muss trotzdem auf solche Quellen zurückgegriffen werden. Die Objektivität dieser Arbeit wird dadurch gewahrt, dass zum einen mehrere solcher Arbeiten gleichzeitig betrachtet werden, die sich z. T. gegenseitig ergänzen und zum anderen auch kritische Äußerungen aus anderen Quellen identifiziert werden, die auch für diese Projekte gültig sein dürften.

2. Smart Grid

Wie in der Einleitung bereits deutlich wurde, wird der Begriff „Smart Grid" oder zu Deutsch „Intelligentes Stromnetz" seit einiger Zeit häufig sowohl in den Tageszeitungen als auch in der wissenschaftlichen Literatur verwendet, wobei häufig unterschiedliche Verständnisse dieses Konzeptes deutlich werden. Um Missverständnisse zu vermeiden, wird im Folgenden das in dieser Seminararbeit genutzte Verständnis dargestellt und aus diesem Verständnis wichtige Stakeholderrollen abgeleitet, die im weiteren Verlauf dieser Seminararbeit noch mehrfach aufgegriffen werden.

2.1 Begriffserklärung

Bei der Formulierung der Definition wurde dabei auf bestehende Definitionen zurückgegriffen und z. T. wiederverwendet, um in die entstandenen Definition möglichst viele dieser Verständnisse einzubeziehen.

Smart Grid bezeichnet ein modernisiertes Stromnetz, das eine Steigerung der Effizienz, Wirtschaftlichkeit und Umweltfreundlichkeit aber auch komplett neue Anwendungsgebiete im Bereich der **Erzeugung**, des **Transportes**, der **Speicherung**, der **Verteilung** und des **Verbrauches** der Energie ermöglicht. Durch Einsatz von moderner Sensorik, intelligenten Geräten, Kommunikationstechnologie und Datenverarbeitung sollen diese Bereiche darüber hinaus bestmöglich aufeinander abgestimmt werden (Hintz & Kulka, 2010, S. 7; Bühler & Beckert, 2012, S. 9-12; Haskell, 2012).

Aus dieser Definition werden bereits einige Stakeholderrollen deutlich, die vom Smart Grid Konzept betroffen sind und dementsprechend auch Anforderungen daran stellen. Diese Einteilung ist in der Literatur durchaus gebräuchlich, da sie an zahlreichen Stellen in ähnlicher Form vorkommt (Die österreichische Technologieplattform zum Thema Smart Grid; Kunz, Müller, & Saßning, 2012, S. 19). Es erscheint aber sinnvoll, dieser Stakeholderrollen als Rollen und nicht als konkrete Personen zu begreifen, was insbesondere am Begriff des „Prosumers" deutlich wird: Dabei kann ein Verbraucher nicht nur Strom beziehen, sondern diesen auch über Photovoltaikanlagen selbst generieren und ins Netz speisen. Zudem kann er elektrische Energie im Akkumulator seines Elektroautos zwischenspeichern und dann freisetzen, wenn diese benötigt wird (Die österreichische Technologieplattform zum Thema Smart Grid). Somit kann eine konkrete Person drei dieser Rollen bekleiden.

Aus Gründen der Übersicht werden diese Rollen in drei Gruppen aufgeteilt: Gruppe 1 umfasst dabei die Energieerzeuger. Gruppe 2 setzt sich aus den Verantwortlichen für Transport, Speicherung und Verteilung zusammen, während Gruppe 3 die Verbraucher bündelt. Diese drei Gruppen werden im Folgenden als Stakeholdergruppen bezeichnet.

2.2 Probleme und Anforderungen der drei Gruppen

Nachdem im vorherigen Abschnitt die drei vom Smart Grid Konzept betroffenen Stakeholdergruppen identifiziert wurden, wird es in diesem Abschnitt darum gehen, einige Probleme dieser Gruppen zu identifizieren. Diese Probleme werden im nächsten Kapitel als Motivation für den Einsatz von Big Data Systemen im Smart Grid Bereich genutzt.

Die **Gruppe 1**, die wie vorhin dargestellt die Energieerzeuger umfasst, gewinnt elektrische aus nicht erneuerbaren Quellen wie Kohle oder radioaktivem Material und aus erneuerbaren Quellen wie Wind und Sonne. Um dies möglichst erfolgreich zu bewerkstelligen, muss diese Gruppe in der Lage sein, den Stromverbrauch möglichst genau vorhersagen zu können, um im Anschluss entsprechend Kapazitäten bereitstellen zu können (Bühler & Beckert, 2012, S. 13). Wie bereits erwähnt, gelten in diesem Kontext erneuerbare Energieformen als besonders problematisch, weil die von ihnen umgewandelte Energiemenge Schwankungen unterliegt, sodass es für diese Gruppe erstrebenswert ist, diese Schwankungen vorhersagen zu können. Zudem wäre es vom Vorteil, wenn diese Gruppe Informationen darüber hätte, an welchem Ort z. B. Windkrafträder am besten platziert werden können, um möglichst viel elektrische Energie umwandeln zu können (Tetpon, 2011; Melton, 2013, S. 10).

Zur Vorhersage des Verbrauches gehört aber auch eine Auseinandersetzung mit den Verbrauchern und deren Energieverbrauch, der ebenfalls schwankt. Hierbei erweist es sich als besonders heikel, dass jeder einzelne Abnehmer für die Energielieferanten eine „Blackbox" darstellt, da dessen Verbräuche nur einmal im Jahr aufsummiert erhoben werden (Kunz, Müller, & Saßning, 2012, S. 19-20). Abseits dessen wird durch eine dermaßen ungenaue Sicht auf die eigene Kundschaft auch ein Customer Relationship Management erschwert, das eine umfassende Betrachtung des einzelnen Kunden erfordert (Kincaid, 2003, S. 41)[1]. Für die Mitglieder der Gruppe 1 heißt dies, dass sie kaum ihre Kunden segmentieren können und nur sehr ungenau abschätzen können, wie sich beispielsweise Preisänderungen auf ihre Kundschaft auswirken (IBM Corporation Software Group, 2012, S. 2). Aus diesen Gründen haben Energielieferanten häufig wenig Möglichkeiten, die Zufriedenheit ihrer Kunden zu steigern (van der Laan & Hazen, 2012).

Eine weitere Möglichkeit die Zufriedenheit der Kunden zu erhöhen, die jedoch auch darüber hinausgeht, betrifft die Erkennung und Behebung von Ausfällen. Im Idealfall gelingt es den Stromlieferanten mit hoher Genauigkeit, Zeitpunkt und Ort von Ausfällen vorherzusagen (IBM Corporation Software Group, 2012, S. 3). Zudem ist es erstrebenswert, die Wartung von Anlagen zur Generierung erneuerbarer Energien so zu planen, dass diese dann abgeschaltet werden, wenn dies möglichst geringe Konsequenzen hervorruft (Tetpon, 2011).

Das letzte hier angesprochene Problem der ersten Gruppe ist die Planung und Simulation ihrer Investitionen. Zum einen prägen diese das Energiesystem langfristig und sollten deswegen wohlüberlegt sein (Pathmaperuma & Schippl, 2011, S. 21). Zum anderen erfordert dies möglichst genaue Prognosen über zukünftige Verbrauchsmuster der Kunden (IBM Corporation Software Group, 2012, S. 6).

Auch die **zweite Gruppe** hat einige Herausforderungen zu lösen, die im Folgenden kurz skizziert werden. Zum einen wird es zukünftig notwendig sein, Stromnachfrage und Stromangebot häufiger aneinander anzupassen (Die österreichische Technologieplattform zum Thema Smart Grid). Dies hängt damit zusammen, dass künftig die Menge erneuerbarer Energien ausgebaut werden soll und damit zugleich auch die Anzahl verhältnismäßig kleiner, dezentraler Energieerzeuger, deren Energielieferungen z. T. starken Schwankungen unterliegen (Hintz & Kulka, 2010, S. 7; Die österreichische Technologieplattform zum Thema Smart Grid). Ziel ist es in diesem Kontext eine möglichst gleichmäßige Nachfrage zu erzielen, indem Teile der Energienachfrage in Zeitintervalle verlegt werden, in denen die Energienachfrage gering ist oder zu erwarten ist, dass viel Energie aus den erneuerbaren Quellen bezogen werden kann (Knab, Strunz, & Lehmann, 2010, S. 13-14). Hierbei erlangen die Speicherung von elektrischer Energie und die dafür zuständigen Akteure eine besondere Bedeutung, da diese in Zeiten, in denen mehr Energie angeboten als nachgefragt wird, eine zusätzliche Nachfrage schaffen können. Diese Energie kann dann wieder ins Netz gespeist werden, wenn die Nachfrage

---

[1] In diesem Buch wird auch detailliert auf Customer Relationship Management eingegangen

das Angebot übersteigt. Um die Verdienstmöglichkeiten dieser Akteure zu maximieren, müssen diese möglichst genaue Kenntnisse darüber haben, wann Energie günstig eingekauft und wann teuer verkauft werden kann (Knab, Strunz, & Lehmann, 2010, S. 16-18; IBM Corporation Software Group, 2012, S. 6). Wie bereits angedeutet, sind in diesem Zusammenhang Elektroautos ein wichtiges Beispiel, weil diese sowohl Energie verbrauchen (und damit auch in die dritte Gruppe fallen) als auch Energie speichern können. Deswegen ist für die zweite Gruppe wichtig zu wissen, ob ein konkretes Auto unverzüglich geladen werden muss oder dies auch später erfolgen kann. Auch braucht diese Gruppe Kenntnisse darüber, ob sie auf die bereits im Auto gespeicherte Energie zurückgreifen kann, um sie an einer anderen Stelle einer Verwendung zuzuführen (Groenfeldt, 2012).

Abseits dessen versuchen die Akteure der zweiten Stakeholdergruppe ihre Kosten zu senken, weswegen sie u. a. eine Reduktion ihrer CO_2-Emissionen und die Erhöhung ihrer Energieeffizienz anstrebt (Die österreichische Technologieplattform zum Thema Smart Grid). Weitere Felder mit Handlungsbedarf sind die Einführung von gemeinsamen Standards, die zur Komplexitätsreduktion und einer effektiveren Abstimmung der beteiligten Akteure beitragen würden (Auer & Heng, 2011, S. 84; Kunz, Müller, & Saßning, 2012, S. 21). Fernerhin gehört auch die Einhaltung der vom Gesetzgeber auferlegten Pflichten zu den Herausforderungen der Mitglieder der zweiten Gruppe (Vespi & Hazen, 2012, S. 12).

Genauso wie die ersten beiden Gruppen hat auch die **dritte Gruppe** gewisse Herausforderungen zu bewältigen, auf die nun eingegangen wird. Zur Vermeidung von Missverständnissen sei gesagt, dass diese Gruppe sowohl Haushalte als auch Unternehmen beinhaltet, die jeweils als Energienachfrager agieren. So ist ein vielfach erwähntes Bedürfnis der Konsumenten eine hohe Transparenz über ihren Energiebedarf zu erzielen (Bühler & Beckert, 2012, S. 19). Dafür gibt es im Wesentlichen drei Ursachen: Zum einen führt das gestiegene ökologische Bewusstsein dieser Gruppe zu dem Verlangen, besser über die Herkunft ihrer Energie aufgeklärt zu werden (Bühler & Beckert, 2012, S. 22). Zum anderen will diese Gruppe angesichts flexibler Tarifstrukturen die Möglichkeit wahrnehmen, möglichst nur dann Energie zu beziehen, wenn diese am günstigsten ist, um auf diese Weise Kosten zu sparen (Knab, Strunz, & Lehmann, 2010, S. 14). In diesem Kontext kann eine erhöhte Transparenz dem Verbraucher dabei helfen Geräte zu identifizieren, die einen besonders hohen Energiebedarf aufweisen, um diese beispielsweise ersetzen oder zumindest bewusster nutzen zu können (Auer & Heng, 2011, S. 9).

Auch diese Gruppe ist von zurzeit noch fehlenden Standards betroffen. Würden diese existieren, bestünde die Möglichkeit das „Smart Home" Konzept umzusetzen und Haushaltsgeräte wie Klimaanlagen, Kühlschränke, Trockner etc. entweder von jedem beliebigen Ort mithilfe des Smartphones, zeitgesteuert oder komplett automatisch zu steuern (Bühler & Beckert, 2012, S. 22).

Abschließend sei noch einmal auf die Definition des Smart Grid verwiesen, die eine weitgehende Integration aller drei erwähnten Gruppen einfordert. Dies würde eine Selbstorganisation des Stromnetzes ermöglichen und könnte konkret bedeuten, dass intelligente Haushalts- oder Industriegeräte der Zukunft genau dann eingeschaltet werden, wenn viel Strom produziert wird und der Strompreis folglich besonders niedrig ist (Bühler & Beckert, 2012, S. 18).

3. Big Data in Smart Grids

Aus dem vorherigen Kapitel wurde deutlich, was in dieser Seminararbeit unter „Smart Grid" verstanden wird und was für Probleme mit diesen intelligenten Stromnetzen verbunden sind. Eine Technologie, die das Potenzial haben soll, einige dieser Probleme zu lösen ist „Big Data" (Clancy, 2012). Doch auch hierbei wird offenkundig, dass angesichts mehrerer unterschiedlicher Auffassungen dieses Begriffes zuerst eine einheitliche Definition für diese Ausarbeitung eingeführt werden muss. Daraufhin wird anhand der zuvor vorgestellten drei Gruppen deutlich gemacht, welche neuen Möglichkeiten durch Big Data entstehen sollen und welche Daten hierbei für Analysen infrage kommen. Abschließend wird auf die Probleme eingegangen, die beim Einsatz von Big Data im Smart Grid Bereich bereits eingetreten sind oder einzutreten drohen.

3.1 Begriffserklärung

Big Data ist aktuell sicherlich eine der meist diskutierten Technologien, die von zahlreichen Autoren sogar bereits als „Hype" und „überdiskutiert" bezeichnet wird (Mayer-Schönberger & Cukier, 2013, S. 5; Isson & Harriott, 2012, S. 57). Diese Technologie wurde deswegen relevant, weil heutzutage immer mehr und immer schneller neue Daten erzeugt werden, deren Auswertung neue Dienstleistungen ermöglicht (Mayer-Schönberger & Cukier, 2013, S. 5-6). Diese Daten stammen aus Postings in sozialen Netzwerken, Eingaben in Suchleisten, über GPS ermittelten Aufenthaltsorten, hochgeladenen Fotos und unzähligen weiteren Quellen (Isson & Harriott, 2012, S. 59). Im Smart Grid Umfeld kommen zudem Daten hinzu, die durch sogenannte Smart Meter, Thermostate, Sicherheitssysteme, Bewegungsmelder, Solaranlagen und durch viele weitere Geräte erzeugt und erhoben werden. Selbst in kleinen Pilotprojekten entstehen dabei Daten im Umfang von mehreren Terabytes (Groenfeldt, 2012). Der Abstand zwischen zwei Datenübermittlungen beträgt dabei z. T. nur wenige Sekunden (Haskell, 2012). Weitere Entwicklungen, die Big Data ermöglichten, ist die nun bestehende technische Möglichkeit, riesige Datenmengen in nur Bruchteilen der Zeit zu analysieren, die noch vor ein paar Jahren nötig gewesen wäre und eine relativ intuitive Nutzbarkeit der entsprechenden Systeme (Mayer-Schönberger & Cukier, 2013, S. 15; Altmann, 2013, S. 23).

Angesichts der Tatsache, dass Big Data eine sehr junge Technologie ist, existieren dafür eine Vielzahl von möglichen Definitionen, die teilweise recht unpräzise sind. Erschwerend kommt hinzu, dass Unternehmen abhängig von ihrer Größe und der Branche, in der sie tätig sind, oft unterschiedliche Auffassungen von diesem Begriff haben (Franks, 2012, S. 24). Aus diesen Gründen wird ähnlich zum vorherigen Kapitel versucht, zu einem Kompromiss aus mehreren Definitionen zu gelangen.

Big Data bezeichnet eine Klasse von Technologien zur Erhebung, Analyse und Verdichtung von riesigen Datenbeständen zwecks Erlangung von potenziell unternehmensrelevanten Wissen. Diese Datenbestände zeichnen sich neben ihrer Größe durch die rasante Geschwindigkeit ihrer Zunahme und durch die Vielfalt der darin enthaltenen strukturierten und unstrukturierten Daten aus. Big Data führt zudem zu einem Paradigmenwechsel hinsichtlich der Analyse von Daten (Mayer-Schönberger & Cukier, 2013, S. 6; Minelli, Chambers, & Dhiraj, 2012; Franks, 2012, S. 5; IBM Corporation Software Group).

Insbesondere die letztgenante Quelle wird von zahlreichen Definitionen in der Literatur als Grundlage herangezogen, wobei die drei Dimensionen „Volume", „Velocity" und „Variety" hervorgehoben werden, die auch in die Definition dieser Seminararbeit eingeflossen sind.

Die „Volume"-Dimension zielt auf die kaum vorstellbare Größe der verwalteten Datenbestände ab, auf die zu Beginn dieses Abschnittes bereits eingegangen wurde. Ein Datenbestand gilt als „riesig" oder „big", wenn dieser sich nicht mehr durch die traditionellen Datenanalyse-Tools verwalten lässt und nicht mehr im Hauptspeicher handelsüblicher Rechner passt (Mayer-Schönberger & Cukier, 2013, S. 6). Da jedoch sowohl die jeweiligen Tools stets weiterentwickelt werden und auch die verfügbaren Hauptspeichermengen kontinuierlich wachsen, lässt sich nicht genau quantifizieren, ab wann ein Datenbestand als „riesig" angesehen werden sollte (Isson & Harriott, 2012, S. 58).

Die Dimension „Velocity" zielt darauf ab, dass neu hinzukommende Daten möglichst in Echtzeit verarbeitet werden müssen (IBM Corporation Software Group). Daraus ergeben sich einige Anforderungen an die Hardware und Software der Big Data Systemen, da die Rate der eintreffenden Daten stets ansteigt (Isson & Harriott, 2012, S. 58-59).

„Variety" hingegen meint, dass die zu analysierenden Daten keiner festen Struktur folgen (Isson & Harriott, 2012, S. 59). Ganz im Gegenteil werden strukturierte und unstrukturierte Daten **gleichzeitig** verarbeitet und analysiert (Korosec, 2012).

Big Data wird darüber hinaus dem wissenschaftlichen Teilbereich der künstlichen Intelligenz zugeordnet, wobei es jedoch nicht darum geht, Computern das Denken zu ermöglichen, sondern mithilfe von Daten Wahrscheinlichkeiten zu ermitteln. Zusätzlich können auch die Big Data Systeme selbst als intelligent angesehen werden, da sie stets nach neuen Mustern und Korrelationen Ausschau halten und deswegen mit der Zeit immer genauer werden (Mayer-Schönberger & Cukier, 2013, S. 11-12).

Abseits dieser drei Dimensionen wird in der Definition von einem Paradigmenwechsel gesprochen, auf den nun eingegangen wird. Die folgende Darstellung basiert dabei auf *Mayer-Schönberger und Cukier* (2013, S. 5-19).

Die erste grundlegende Veränderung im Vergleich zu dem, wie ohne Big Data Daten analysiert wurden, wird durch den Begriff „Datafication" zusammengefasst. Hierbei werden alle nur erdenklichen Daten erhoben und gespeichert und zwar auch solche, deren Aussagegehalt für den untersuchten Zweck nicht im Vorhinein einleuchtet. Fernerhin dienen Daten nicht mehr nur ausschließlich demjenigen Zweck, für den sie ursprünglich erhoben wurden, sondern werden als neuer Rohstoff oder Ressource für das Unternehmen begriffen (Clancy, 2012). Dies alles führt wie eingangs erläutert dazu, dass die Menge an zu analysierenden Daten dermaßen anwächst, dass aus dieser quantitativen Veränderung eine Veränderung qualitativer Natur entsteht: So ist es nun möglich, alle verfügbaren Daten für eine Analyse heranzuziehen und dadurch eine höhere Genauigkeit zu erzielen. Die Auswahl von Stichproben wird dabei als Relikt aus Zeiten angesehen, in denen die Betrachtung der gesamten Grundgesamtheit als nicht praktikabel galt.

Zudem wird nur Korrelationsanalysen ein höheres Gewicht beigemessen als noch zuvor und nicht mehr versucht, für sämtliche Effekte kausale Beziehungen zu ermitteln und zu begründen. Gemäß der beiden Autoren ist es nun nicht mehr relevant warum etwas passiert, sondern hauptsächlich dass es passiert.

Ein weiterer Aspekt der neuen Denkweise ist die Abweichung vom Streben nach Exaktheit: Dadurch, dass Big Data Analysen teilweise basierend auf unstrukturierten Daten von geringer Qualität durchgeführt werden, können die Ergebnisse verfälscht werden, wobei laut der Autoren die Tendenz denoch richtig ausgegeben wird.

Der mit dieser neuen Denkweise einhergehende Vorteil ist, dass komplett neue Zusammenhänge transparent werden, die ohne Big Data verborgen geblieben wären.

Neben dem Smart Grid Bereich gibt es unter anderem bereits erste Big Data-Projekte Finanz- und Gesundheitsbereich aber auch im Internet in sozialen Netzwerken.

3.2 Tools zur Analyse von Big Data

Nachdem nur im vorherigen Abschnitt das Big Data Verständnis dieser Seminararbeit verdeutlicht wurde, wird nun aufgezeigt, warum bestehende Datenbanktechnologien nicht ausreichen und neue Tools für Big Data notwendig sind. Fernerhin wird die Hadoop-Plattform kurz skizziert.

So wird in der Literatur an zahlreichen Stellen festgestellt, dass konventionelle Datenanalysetools bei Big Data Vorhaben schnell an ihre Grenzen stoßen (Hackmann, 2011; IBM Corporation Software Group, 2012, S. 4). Die Gründe dafür sind hauptsächlich die Größe der Datensammlung und deren fehlende Struktur. Die Größe der Daten ergibt sich aus dem zuvor erklärtem Datafication-Ansatz und dem Bestreben, zum Teil sogar Millionen von Variablen gleichzeitig zu analysieren (Stutts, 2011; Haskell, 2013, S. 2). Auf solche riesigen Speichermengen sind handelsübliche Computer mit vergleichsweise kleinen Arbeitsspeichermengen nicht ausgelegt (Mayer-Schönberger & Cukier, 2013, S. 5). Ein weiterer Grund ist die bereits erwähnte fehlende Struktur von Daten, die sich beispielsweise daraus ergibt, dass Postings aus sozialen Netzwerken und Sensordaten simultan verarbeitet werden. Relationale Datenbanken sind für klar strukturierte Daten ausgelegt und folglich nicht für Big Data geeignet (Rothfuss & Ried, 2003, S. 11; Mayer-Schönberger & Cukier, 2013, S. 6). Die Größe und Unstrukturiertheit der Daten überfordert selbst stark parallelisierte Datenbankmanagementsysteme und sorgte in der Vergangenheit dafür, dass die im Smart Grid Umfeld anfänglich eingesetzten relationalen Datenbanken im Nachhinein verworfen werden mussten (Haskell, 2013, S. 1; Haskell, 2012).

Was für Anforderungen müssen Big Data Systeme also letztlich erfüllen? Zum einen muss es möglich sein, Anfragen mithilfe von verteilten Systemen zu verarbeiten, um die Datenmengen in vertretbaren Zeiträumen zu analysieren. Falls diese Datenmenge in Zukunft um weitere Größenordnungen anwachsen sollte, muss das System zudem skalierbar sein (Isson & Harriott, 2012, S. 58; Hackmann, 2011). In manchen Fällen wird auf die Performanz dieser Systeme besonders stark wertgelegt und sogar eine Echtzeitfähigkeit eingefordert (Tetpon, 2011; Stutts, 2011). Eine ungenügende Performanz führt basierend auf den Erfahrungen aus ersten Projekten dazu, dass die Einleseintervalle von einigen Geräten im Smart Grid vergrößert werden müssen, was zu Genauigkeitseinbußen führen kann (Haskell, 2013, S. 2). Fernerhin kann die Wartezeit für angeforderte Reports dadurch stark ansteigen und zeitnahe Entscheidungen erschweren (IBM Corporation Software Group, 2012, S. 4).

Was die Analysemöglichkeiten der Daten anbelangt, müssen die Systeme die Auswertung komplexer Fragestellungen und auch die Durchführung von Simulationen unterstützen (Haskell, 2012; Alstom, 2011, S. 4). Zudem wird an zahlreichen Stellen die
Anforderung geäußert, dass die Systeme trotz der Verteilung der Daten eine integrierte
Sicht auf den Datenbestand ermöglichen müssen (IBM Corporation Software Group,
2012, S. 3). Damit auch andere Anwendungen im Unternehmen von den Fähigkeiten
der Big Data Tools profitieren können, müssen diese Tools entsprechende Schnittstellen
bereitstellen (Taube, 2012).

Abschließend sei noch gesagt, dass Big Data Systeme nach Möglichkeit hardwareun-
abhängig funktionieren sollte, um den Besitzern Freiheitsgrade bei der Gestaltung ihrer
Infrastruktur zu schaffen (Korosec, 2012). Doch auch eine sehr hohe Sicherheit dieser
Systeme muss gegeben sein, um die z. T. sensiblen Daten wie beispielsweise GPS-
Aufenthaltsorte vor Hackern zu schützen (Auer & Heng, 2011, S. 1; Kunz, Müller, &
Saßning, 2012, S. 21).

3.2.1 Das Apache Hadoop Framework

Als Grundlage zur Realisierung dieser Anforderungen werden in der Literatur nahezu ausschließlich die beiden Frameworks „Apache Hadoop" und „Google MapReduce"
erwähnt (Mayer-Schönberger & Cukier, 2013, S. 5). Anscheinend ist Hadoop im Energiesektor aber wesentlich stärker verbreitet, was sich daraus schließen lässt, dass sämtliche gefundenen Erfahrungsberichte auf diesem Framework aufbauen und es zudem von
IT Konzernen wie IBM und Intel genutzt wird (Tetpon, 2011; Haskell, 2013, S. 3). Aus
diesen Gründen wird dieses Framework an dieser Stelle kurz beschrieben.

Hadoop stellt ein Framework bereit, dass eine ausfallsichere, skalierbare und verteil-
te Berechnung riesiger Datenmengen ermöglicht, wobei die Anzahl der beteiligten
Computer von einem bis mehreren Tausend betragen darf (The Apache Software
Foundation, 2013). Hierbei kann die Datenverarbeitung auch dann noch fortgesetzt
werden, wenn zahlreiche Rechner zeitnah ausfallen (Rouse, 2010). Die Beschreibung
der Umsetzung dieser Anforderungen basieren auf den Ausführungen von *Bayer* (2013,
S. 1-5).

Die Ausfallsicherheit und Parallelverarbeitung wird dadurch sichergestellt, dass Hadoop auf dem Master-Slave-Prinzip funktioniert. Der Masterrechner wird hierbei als
„NameNode" und die Slaves als „DataNode" bezeichnet. Ein solcher Master kümmert
sich dabei um die Verwaltung von Metadaten zum Dateisystem, Verzeichnisstrukturen

und Dateien. Fernerhin sorgt der NameNode für die Verteilung der zu verarbeitenden Daten auf die Slaves, sodass jeder solche Datenblock in der Standardkonfiguration auf 3 DataNodes vorhanden ist. Fällt ein Slave aus, kann der Master auf die Back-ups der anderen beiden Slaves zurückgreifen, sodass keine Daten verloren gehen und stets genug Replikationen der Datenblöcke vorhanden sind. Falls der NameNode selbst ausfallen sollte, gibt es zusätzlich noch einen sogenannten „SecondaryNameNode", der ein Backup der Metadaten bereithält, mit deren Hilfe sich der Master wiederherstellen lässt. Es wird je nach erwarteter zu verarbeitender Datenmenge empfohlen, dass der NameNode einen performanteren Prozessor und mehr Arbeitsspeicher als die DataNodes aufweist, um die Metadaten effizient verwalten zu können und keinen Flaschenhals darzustellen. Um große Mengen an Arbeitsspeicher verwalten zu können, kann der Master als 64-Bit-System betrieben werden.

Die DataNodes kümmern sich um die Verarbeitung der Daten, die auf deren Datenträgern abgelegt sind, um auf diese Weise sowohl die Verarbeitungsgeschwindigkeit zu steigern und den notwendigen Datenaustausch im Netzwerk zu verringern. Um den Master wissen zu lassen, dass ein bestimmter DataNode ausgefallen ist, schickt jeder DataNode dem NameNode in regelmäßigen Zeitabständen sogenannte „Heartbeats". Bleiben diese längere Zeit aus, vermerkt der Master den jeweiligen Knoten als „tot". Dieses Vorgehen stellt unabhängig von bestimmten Funktionalitäten der Hardware die Ausfallsicherheit des Datenverarbeitungsprozesses sicher (The Apache Software Foundation, 2013).

Abseits dessen umfasst Apache Hadoop ein verteiltes Dateisystem und einen Mechanismus zur Verwaltung von Aufträgen (The Apache Software Foundation, 2013). Hadoop wurde zwecks der oben verlangten Systemunabhängigkeit in Java programmiert und lässt sich auf Standardcomputern mit den Betriebssystemen Windows, Linux, BSD oder OS X betreiben (Rouse, 2010).

Das Framework basiert auf den Grundideen von Googles MapReduce-Algorithmus und wurde von Doug Cutting entwickelt und erstmals im Yahoo Konzern zum Einsatz gebracht. Mittlerweile steht Hadoop als Version 1.0 zur Verfügung und wird unter der Apache License 2.0 vertrieben. Somit darf jeder die Software grundsätzlich frei verwenden, modifizieren und verteilen (Bayer, 2013, S. 1-5). Dies ist wahrscheinlich auch der Grund, warum die oben genannten Konzerne ihre Lösungen für den Smart Grid Sektor auf Hadoop aufbauen.

Die Datenverarbeitung mithilfe von Hadoop lässt sich in drei Phasen aufteilen: „Map", „Reduce" und „Retrieval". In der ersten Phase werden die Daten auf die Slaves verteilt und dort bearbeitet. In der Reduce-Phase werden die Teilergebnisse der DataNodes zusammengetragen und verschmolzen. Im letzten Schritt wird dann die Antwort auf die Anfrage des Nutzers generiert und zurückgegeben (Isson & Harriott, 2012, S. 58).

Beim Einsatz von Hadoop in bestehenden IT-Architekturen kommt allerdings das Problem auf, dass Hadoop keine SQL-Abfragen unterstützt, sodass die im Unternehmen bestehenden Abfragen sich nicht mehr nutzen lassen und konvertiert werden müssen. Dies verursacht hohe Kosten. *Haskell* zeigt jedoch, dass es durchaus möglich ist, Hadoop um eine SQL-Schnittstelle zu ergänzen, sodass sich diese SQL-Abfragen wiederverwenden lassen. Zudem beschreibt der Autor seine Kooperation mit dem Unternehmen Intel, die es ermöglichte, mithilfe von Hadoop mehrere Terabyte an Daten innerhalb von Millisekunden zu verarbeiten (2013, S. 2-4).

3.3 Potenziale von Big Data in Smart Grids

Nachdem nun veranschaulicht wurde, was in dieser Seminararbeit unter Big Data verstanden wird und wie dies softwaretechnisch umsetzbar ist, wird in diesem Abschnitt auf dessen Potenziale im Smart Grid Umfeld eingegangen. Hierbei werden die zuvor eingeführten drei Stakeholdergruppen aufgegriffen und zur Strukturierung dieser Potenziale herangezogen, indem aufgezeigt wird, wie deren in Abschnitt 2.2 beschriebenen Probleme durch Big Data gelöst oder abgelindert werden könne. Dem Leser sei an dieser Stelle bereits die Lektüre des Abschnittes 3.5 nahegelegt, da die Potenziale zum großen Teil aus Projektberichten entnommen wurden, sodass die Quellen wissenschaftlichen Ansprüchen nicht genügen.

Wie zuvor erwähnt ist es gegenwärtig eine große Herausforderung der **Energieerzeuger**, die Schwankungen erneuerbarer Energieformen zu handhaben. Auf Big Data basierende Lösungen adressieren dieses Problem, indem sie entdeckte Korrelationen zwischen Sonnenschein und Wind und anderen Faktoren zur Vorhersage der bereitgestellten Energie nutzen (Tetpon, 2011; Leopold, 2012). So lassen sich z. T. schon eine Woche im Voraus Vorhersagen tätigen (Melton, 2013, S. 12). Die möglichen Einsatzszenarien gehen jedoch darüber hinaus: So lassen sich z. B. Wartungsarbeiten an Windkrafträdern besser planen, sodass diese nicht dann stattfinden, wenn die Energieproduktion gerade am höchsten ist (Tetpon, 2011). Darüber hinaus lassen sich solche Anlagen beim Neubau an dem Ort positionieren, wo diese den größtmöglichen Ertrag bieten (Knab, Strunz, & Lehmann, 2010, S. 19-20).

Doch nicht nur im Bereich der Stromerzeugung, sondern auch in dessen Nachfrage verspricht Big Data neue Erkenntnisse: So kann die Auswertung von Straßenverkehrsdaten oder der Menge an Telefongesprächen oder Datenverbindungen den Energieerzeuger dabei unterstützen, kurz bevorstehende Großereignisse wie Fußballspiele zu erkennen, sodass dieser sich darauf einstellen kann (Bühler & Beckert, 2012, S. 15; Knab, Strunz, & Lehmann, 2010, S. 24).

Sind solche oder ähnliche Informationen erstmal generiert, gilt es möglichst schnell und trotzdem wohlüberlegt darauf zu reagieren, was durch Big Data Ansätze ebenfalls unterstützt wird (Groenfeldt, 2012). Teilweise wird in Aussicht gestellt, gewisse Entscheidungen regelbasiert sogar automatisch treffen zu können (Stutts, 2011). Im Kontext der Entscheidungsunterstützung wurde in Abschnitt 2.2 das Entscheidungsproblem angesprochen, welche Investitionen ein bestimmter Erzeuger am ehesten tätigen sollte. Auch dies lässt sich durch Big Data unterstützen, indem die Betrachtung von Was-Wäre-Wenn-Szenarien ermöglicht wird (Haskell, 2012; Tetpon, 2011).

Abseits der reinen Stromerzeugung und dessen Verbrauchs wurden bereits einige Missstände im Bereich des Customer Relationship Managements herausgestellt, die durch Big Data Analysen ebenfalls adressiert werden können. So ist für die Energielieferanten mithilfe von sogenannten Smart Metern[2] möglich, den Energieverbrauch des Kunden sehr zeitnah (und nicht wie bisher einmal jährlich) zu erfahren und dabei sogar teilweise zu wissen, welche Geräte für diesen Verbrauch verantwortlich waren. Somit erhält der Energieerzeuger das Wissen darüber wann und wofür ihre Kunden Energie nutzen und kann Kunden in diesem Rahmen individuelle Dienstleistungen anbieten (Haskell, 2012; Taube, 2012). Auf Beispiele solcher Dienstleistungen wird weiter unten in diesem Abschnitt eingegangen, jedoch kann an dieser Stelle bereits gesagt werden, dass diesen Dienstleistungen das Potenzial zugesprochen wird, die Kundenzufriedenheit zu steigern. Fernerhin kann dieses Kundenwissen auch dazu genutzt werden, um die eigene Kundenbasis zu segmentieren und konkrete Kundengruppen für bestimmte neue Tarife zu identifizieren und gezielt anzusprechen, sodass Kosten für Werbung eingespart werden können. Durch gezielte preisinduzierte Anreize ist es möglich bestimmte Kundengruppen zu motivieren, ihren Energiekonsum in bestimmten Zeiträumen stattfinden zu lassen und dadurch eine gleichmäßigere Energienachfrage zu erreichen. Zu-

---

[2] Im Abschnitt 3.4 wird detaillierter auf Smart Meter eingegangen

dem lässt sich auch abschätzen, wie diese Kundengruppen auf Preisänderungen reagieren werden, sodass die Energieerzeuger bestimmte Fehler im Vorhinein vermeiden können (IBM Corporation Software Group, 2012, S. 2-7). Diese Aspekte werden gemeinhin unter dem Begriff „Demand Side Management" subsumiert (Knab, Strunz, & Lehmann, 2010, S. 13).

Eine weitere Möglichkeit zur Schaffung einer zufriedenen Kundenbasis ist die Fähigkeit, Ausfälle zu vermeiden oder zumindest schnell zu beheben. So können Big Data Systeme durch Betrachtung zahlreicher Variablen erkennen, wann bestimmte Anlagen beginnen, instabil zu arbeiten (Melton, 2013, S. 4). Um Ausfälle zu vermeiden, können die Systeme in manchen Fällen bestimmte Parameter automatisch anpassen (Stutts, 2011). Fernerhin lässt sich berechnen, wann und wo Ausfälle sich am wahrscheinlichsten ereignen werden, sodass eventuell Gegenmaßnahmen eingeleitet und bei Bedarf auch priorisiert werden können (IBM Corporation Software Group, 2012, S. 2-5).

Doch auch für die zweite Gruppe (**Verantwortliche für Transport, Speicherung und Verteilung der Energie**) entstehen durch Big Data neue Möglichkeiten. So wurde bereits dargestellt, dass diese Gruppe vor dem Problem steht, die zunehmende Anzahl dezentraler Energieerzeuger, deren bereitgestellte Strommenge stark schwankt, in das Stromnetz zu integrieren. Ein wichtiges Konzept in diesem Kontext sind sogenannte „Virtual Power Planst" bzw. virtuelle Kraftwerke. Hierbei werden Hunderte oder sogar Tausende dezentrale Energieerzeuger zu einem solchen virtuellen Kraftwerk zusammengeschlossen, das eine ähnliche Kontrollierbarkeit wie ein konventionelles Kraftwerk aufweist. Dies lässt sich dadurch erklären, dass durch den Zusammenschluss unterschiedlicher Energiequellen die Schwankungen dieser Quellen sich gegenseitig kompensieren. So schließen sich beispielsweise starker Wind und Sonnenschein teilweise gegenseitig aus, sodass sich durch deren gleichzeitige Nutzung eine höhere Gleichmäßigkeit erzielen lässt. Diese lässt sich noch weiter steigern, indem Regionen mit unterschiedlichen Wetterverhältnissen einbezogen werden. Fernerhin können innerhalb eines solchen Kraftwerks bei Bedarf bestimmte Energielieferanten abgeschaltet und wieder zugeschaltet werden. Auch der Rückgriff auf gespeicherte Energie kann zur Konstanz der generierten Strommenge beitragen (Knab, Strunz, & Lehmann, 2010, S. 12-13).

Big Data bietet in diesem Zusammenhang mehrere Vorteile. Zum einen fehlen zur Realisierung eines Virtual Power Plants notwendige Standards (Bühler & Beckert, 2012, S. 24). Da Big Data Systeme darauf ausgelegt sind, unstrukturierte Daten zu verarbeiten und daraus handlungsrelevantes Wissen zu generieren, können sie dieses Problem möglicherweise ablindern. Des Weiteren können Prognosen darüber getätigt werden, wann Besitzer von Elektroautos höchstwahrscheinlich ihr Auto wieder mit dem Stromnetz verbinden und das virtuelle Kraftwerk folglich auf deren Energie zugreifen darf (IBM Corporation Software Group, 2012, S. 3).

Zum Thema gespeicherte Energie lässt sich ergänzen, dass Big Data Systeme einen Beitrag zur Wirtschaftlichkeit dieser Systeme leisten können. So wurde in Abschnitt 2.2 angedeutet, dass die Betreiber dieser Speicher das Ziel haben Energie möglichst günstig einzukaufen und möglichst teuer zu verkaufen. Wie effektiv dieses Ziel erreicht werden kann, hängt demnach maßgeblich davon ab, wie gut diese Akteure Preise bzw. das Angebot- und Nachfrageverhalten im Vorhinein prognostizieren können. Genau diese Fähigkeiten ermöglichen Big Data Systeme durch die Betrachtung unzähliger potenzieller Einflussfaktoren und Kenntnis bestimmter Muster aus der Vergangenheit (Knab, Strunz, & Lehmann, 2010, S. 16-18; IBM Corporation Software Group, 2012, S. 2-6). Deswegen ist die Kenntnis über die zu erwartenden Verbräuche der Abnehmer, wie sie bereits im Zusammenhang mit der ersten Gruppe thematisiert wurden, für die zweite Gruppe genauso von Bedeutung.

Ein weiteres Einsatzfeld für Big Data für die Teilnehmer der zweiten Gruppe lässt sich unter dem Begriff „Visualisierung" zusammenfassen, was wegen der immensen Komplexität heutiger Netze zum Zwecke der Komplexitätsreduktion von hoher Bedeutung ist. So lässt sich zum Beispiel in nahezu Echtzeit visualisieren, wo jeweils wie viel Energie nachgefragt und erzeugt wird (Haskell, 2012; Alstom, 2011). Zudem lassen sich auf so genanten „Dashboards" aktuell eingetretene Ereignisse anzeigen, auf die zuständige Akteure reagieren können (Clancy, 2012). Somit erhält diese Gruppe einen Eindruck vom aktuellen „Gesundheitszustand" des Netzes (Engler, 2012).

Der letzte im Zusammenhang mit der zweiten Gruppe genannte Vorteil ist die Erkennung von Betrugsversuchen, was ebenfalls anhand der Erkennung bekannter Betrugsmuster geschieht (Clancy, 2012; IBM Corporation Software Group, 2012, S. 7). Wie dies genau erfolgen würde, wird jedoch an keiner Stelle beschrieben.

Zum Schluss soll nun erörtert werden, welche Vorteile die Nutzung von Big Data im Zusammenhang mit Smart Grid für die Gruppe der **Verbraucher** mit sich bringt. Ein solcher Vorteil ergibt sich aus der zusätzlich gebotenen Transparenz, die im einfachsten Fall die Verbraucher über ihren Stromverbrauch aufklärt (Bühler & Beckert, 2012, S. 19). Jedoch ist es auch denkbar, den Verbraucher über die genaue Herkunft seines Stroms in Kenntnis zu setzten, was gemäß *Bühler und Beckert* eine nachhaltige Lebensweise der Verbraucher fördert und zum Gelingen der Energiewende beiträgt (2012, S. 22). Abseits des Beitrages zum Umweltschutz kann im Kontext flexibler Strompreise auch Transparenz über den aktuellen Strompreis geschaffen werden, die dem Verbraucher dabei hilft, Kosten zu sparen (Auer & Heng, 2011, S. 9). All diese Informationen werden dem Abnehmer auf seinem Smartphone oder auf einem speziellen Webportal zusammengetragen und grafisch aufbereitet. Big Data Systeme kümmern sich im Hintergrund um die Aggregation der dafür notwendigen Daten und deren Analyse (Haskell, 2012).

In Kooperation mit dem Stromanbieter ergeben sich noch weitere Potenziale. Dieser kann einerseits evaluieren, wie dessen Kunden die zuvor erläuterten Informationen in der Praxis nutzen, um dadurch bestehende Dienste anzupassen und neue Dienste zu schaffen (Haskell, 2012). Andererseits können sich Stromanbieter mithilfe von Big Data Systemen ein Bild darüber verschaffen, wie deren Kunden den Strom nutzen und damit wann sie Strom verbrauchen und für welche Haushaltsgeräte (Haskell, 2012; IBM Corporation Software Group, 2012, S. 2-3). Dies schafft die nötige Datenbasis um den Verbraucher Empfehlungen darüber zu unterbreiten, wie er Strom sparen kann, indem man ihn beispielsweise auf energieeffizientere Haushaltsgeräte hinweist oder ihm einen geeigneteren Stromtarif anbietet (Bühler & Beckert, 2012, S. 12). All das sind Vorteile, die sich aus Verbrauchersicht durch das bereits erwähnte Customer Relationship Management ergeben.

Des Weiteren sind jedoch noch zwei weitere Dienstleistungen erwähnenswert. Zum einen sei auf das sogenannte „Ambient Assisted Living" hingewiesen, das anhand von Verbrauchsdaten ermitteln kann, ob es gegenwärtig Aktivität in der Wohnung gibt. Bei alten Menschen kann beim längeren Ausbleiben typischer Muster automatisch eine Warnung generiert werden, damit sich eine zuständige Person nach dem Wohlbefinden der Senioren erkundigen kann (Bühler & Beckert, 2012, S. 12).

Fernerhin lässt sich auch der Komfort für Angehörigen der dritten Gruppe steigern, indem Big Data zur Umsetzung des „Smart Home" Konzeptes beiträgt. Hierbei können Haushaltsgeräte wie Klimaanlagen, Kühlschränke, Trockner, Rollläden etc. entweder über das Internet von jedem beliebigen Ort aus oder sogar komplett automatisch gesteuert werden. Das spart den Bewohnern Zeit (Bühler & Beckert, 2012, S. 22).

Zusammenfassend und im Hinblick auf die Smart Grid Definition im Abschnitt 2.1 lässt sich festhalten, dass der Einsatz von Big Data zur Umsetzung des Smart Grid Ziels beiträgt, die drei Stakeholdergruppen stärker aufeinander abzustimmen (Knab, Strunz,

& Lehmann, 2010, S. 19-20; Hackmann, 2011). Davon profitieren im Idealfall alle Teilnehmer. Die Verbraucher können mithilfe der Kenntnis über die aktuellen Preise ihren Verbrauch planen und auf diese Weise tendenziell dann Energie nachfragen, wenn diese gerade in hohen Mengen bereitsteht. Betreiber von Stromspeichern können mithilfe ihrer Anlagen einen höheren Profit erzielen und dadurch die Versorgungssicherheit erhöhen. Die Stromproduzenten können zielgenauer investieren und durch zusätzliche Dienstleistungen die Zufriedenheit ihrer Kundschaft erhöhen und diese stärker binden.

3.4 Potenzielle Arten von Daten

Um all diese Dienstleistungen zu ermöglichen, müssen die bereits thematisierten Big Data Systeme diverse Typen von Daten analysieren, aggregieren und den zuständigen Mitarbeitern oder autorisierten Systemen bereitstellen. Welche Datentypen hierbei in den bereits stattgefundenen Projekten genutzt wurden, ist wegen der noch fehlenden Erfahrungen von Projekt zu Projekt unterschiedlich. Durch den in diesem Abschnitt gebotenen Überblick soll künftigen Projektverantwortlichen ermöglicht werden, von bereits gesammelten Erfahrungen zu profitieren. Zudem verschafft diese (unvollständige) Liste einen guten Eindruck von der Vielfalt an potenziell relevanten Daten und deren Unstrukturiertheit.

So fällt bei der Betrachtung bereits durchgeführter Studien auf, dass bei der Datengenerierung die sogenannten „Smart Meter" eine Schlüsselfunktion übernehmen. Dabei handelt es sich um intelligente Stromzähler, die einen wichtigen Bestandteil von Smart Grids darstellen. Diese erfassen nicht nur wichtige Parameter wie z. B. Verbrauchsdaten im Haushalt, sondern sind je nach Ausbaustufe auch imstande, Haushaltsgeräte zu steuern (Die österreichische Technologieplattform zum Thema Smart Grid). Die gesammelten Daten leiten diese Geräte an den Energieversorger weiter, ermöglichen es jedoch zugleich dem Verbraucher, diese Daten zur Visualisierung zu nutzen. Im Unterschied zu den herkömmlichen Stromzählern kann die Auslesung aus der Ferne und nahezu in Echtzeit erfolgen (Auer & Heng, 2011, S. 9). Die Europäische Union hat sich zum Ziel gesetzt, dass ab dem Jahre 2022 jeder Haushalt über einen solchen Smart Meter verfügt (Kunz, Müller, & Saßning, 2012, S. 20). Big Data Systeme können ebenfalls diese Verbrauchsdaten nutzen, wobei die Möglichkeit besteht, Durchschnittswerte zu unterschiedlichen Zeiten und Wochentagen sowie Minimal- und Maximalwerte zu erfassen (Melton, 2013, S. 11). Hier ist man nicht auf Stromdaten beschränkt, sondern kann auch den Wasser- und Gasverbrauch auf ähnliche Weise analysieren. Um hierbei auch die

Ursache für den Energiebedarf benennen zu können, kann auch gespeichert werden, wann der Kunde wie lange welches Haushaltsgerät genutzt hat (Haskell, 2012). Fernerhin lassen sich sogar Daten aus Bewegungsmeldern und Heimsicherheitssystemen aus ähnlichen Gründen analysieren (Haskell, 2012).

Jedoch bietet es neben der reinen Verbrauchsbetrachtung an, auch die erzeugte Strommenge zu erfassen, wofür sich beispielsweise auch Daten aus Solaranlagen anbieten (Haskell, 2012).

Um den Energiebedarf in naher Zukunft vorherzusagen, wurden in vielen Projekten Wetterdaten wie Sonnenscheinzeiten, Temperaturen aber auch Satellitenkarten als Input genutzt (Knab, Strunz, & Lehmann, 2010, S. 19-20). Jedoch werden auch Straßenverkehrsinformationen, Aufenthaltsorte von Mobiltelefonen, die Menge des Internetdatenverkehrs und Börsendaten aus ähnlichen Gründen vorgeschlagen. Über die Menge des Internetdatenverkehrs eines Bürokomplexes lässt sich nämlich erahnen, wie viele Leute sich darin aktuell befinden (Bühler & Beckert, 2012, S. 13; Knab, Strunz, & Lehmann, 2010, S. 23-24). Prognosen können ebenfalls durch Auswertungen von Callcenter Gesprächen und Daten aus sozialen Netzwerken abgeleitet werden (IBM Corporation Software Group, 2012, S. 3).

Im vorherigen Abschnitt wurde bereits angedeutet, dass es für die Energiekonzerne von großer Bedeutung ist, wie deren Kunden auf Preisänderungen reagieren. Auch darüber lassen sich Daten erheben. Erwähnenswert ist im Hinblick auf Kundendaten, dass diese sich auch extern einkaufen lassen (IBM Corporation Software Group, 2012, S. 7).

Abseits von Kundendaten werden auch Daten über Ausfälle bestimmter Komponenten protokolliert, sowie Spannungen, Frequenzen und Phasenlagen (van der Laan & Hazen, 2012; Kunz, Müller, & Saßning, 2012, S. 20). Um auf Ausfälle angemessen zu reagieren, sind auch Kenntnisse über das aktuell verfügbare Personal und die bereitstehende technische Ausrüstung wichtig (IBM Corporation Software Group, 2012, S. 5). Befragungen haben in diesem Kontext ergeben, dass Daten über Ausfälle und Spannungen aktuell zu den meisterhobenen Daten im Smart Grid Bereich gehören (Vespi & Hazen, 2012, S. 6).

3.5 Probleme von Big Data in Smart Grids

Nachdem nun einige Potenziale und Realisierungsmöglichkeiten von Big Data Systemen im Smart Grid Bereich dargestellt wurden, geht es nun um die Risiken dieser Systeme. Dieser Abschnitt ist deswegen signifikant, da Big Data, wie bereits erläutert wurde, zurzeit ein „Hype"-Thema darstellt und maßgeblich seitens der Wirtschaft und nicht von der Wissenschaft vorangetrieben wird. Schließlich wird selbst von einigen Akteuren aus der Wirtschaft zugegeben, dass man sich bei einigen Initiativen nicht sicher ist, ob diese im Nachhinein die getätigten Investitionen rechtfertigen werden (Groenfeldt, 2012). Deswegen zögern durchaus einige Energieunternehmen in entsprechende Systeme zu investieren (Clancy, 2012).

Da jedoch die Umsetzung von Big Data Projekten sehr kostspielig ist, ist eine vorherige kritische Auseinandersetzung unvermeidlich. Deswegen werden in diesem Abschnitt zuerst die Probleme von Big Data aus statistischer Sicht erläutert. Daraufhin werden einige Datenschutzbedenken thematisiert und auf Schwierigkeiten hingewiesen, die in ersten Praxisprojekten identifiziert wurden.

3.5.1 Statistische Probleme

Beim Betrachten der Big Data Literatur fällt auf, dass kaum auf Methoden eingegangen wird, die im Hintergrund genutzt werden, um Handlungsempfehlungen aus den Daten zu generieren. Zwar handelt es sich hierbei um Geschäftsgeheimnisse der Software- und Beratungsunternehmen, erschwert aber eine kritische Auseinandersetzung mit den Grenzen dieser Methoden und damit auch von Big Data. Es wird lediglich an zahlreichen Stellen erwähnt, dass Korrelationen zwischen den Ausprägungen bestimmter Merkmale identifiziert und zur Prognose genutzt werden (Knab, Strunz, & Lehmann, 2010, S. 19; Khan, 2011, S. 14). Was eine Korrelation ist und was für Grenzen diese hat, wird an keiner Stelle erwähnt. Dieser Abschnitt widmet sich genau diesem Thema und stellt die Probleme der Korrelationsanalyse heraus. Die folgende Ausführung basiert auf *Mittag* (2011, S. 103-109).

Der sogenannte Korrelationskoeffizient nach Bravais-Pearson kann mithilfe folgender Formel berechnet werden:

$$r = \frac{\sum_{i=1}^{n}\big((x_i - \bar{x}) * (y_i - \bar{y})\big)}{\sqrt{\sum_{i=1}^{n}((x_i - \bar{x})^2)} * \sqrt{\sum_{i=1}^{n}((y_i - \bar{y})^2)}}$$

Der Korrelationskoeffizient kann beliebige Werte im Bereich $-1 \leq r \leq +1$ annehmen und soll am folgenden Beispiel erläutert werden: Man stelle sich vor, dass 50 dreißigjährige Männer sowohl nach ihrer Körpergröße als auch nach ihrem Gewicht befragt werden. Die Antworten der Männer werden dabei jeweils als Punkte (x_i, y_i) notiert, wobei x_i die Körpergröße und y_i das Gewicht des i-ten Mannes angibt. Nun wird r gemäß der Formel berechnet. Der Korrelationskoeffizient nimmt den Wert $+1$ an, wenn alle

Werte genau auf einer steigenden Geraden liegen. Der Wert -1 bedeutet, dass alle Werte exakt auf einer fallenden Geraden liegen. In beiden Fällen besteht zwischen den x und y-Werten ein linearer Zusammenhang. Liegt der Korrelationskoeffizient im Bereich $0 < r < +1$ bedeutet dies, dass hohe x-Werte auch tendenziell mit hohen y-Werten einhergehen. Ein solches Ergebnis ist bei der Beispielmessung zu erwarten, da große Menschen in der Regel schwerer sind als kleine Menschen. Werte im Intervall $-1 < r < 0$ würden bedeuten, dass große x-Werte typischerweise gemeinsam mit kleinen y-Werten auftreten.

Das erste Problem hängt mit der korrekten Interpretation des Falles $r \approx 0$ zusammen. Rein formal bedeutet dies, dass kein **linearer** Zusammenhang zwischen den beiden Variablen besteht. Nichtsdestotrotz kann jedoch beispielsweise ein quadratischer Zusammenhang zwischen ihnen vorliegen, den die Big Data Software unter Umständen übersehen würde. Da quadratische Zusammenhänge ebenfalls zur Prognose genutzt werden können, würde die Software in so einem Fall wichtige Informationen übersehen.

Ein weiteres Problem dieser Kennzahl besteht darin, dass in der oberen Formel die Werte von x und y in allen Punkten vertauscht werden können, ohne dass dies den r-Wert ändert. Aus diesem Grund sagt r gar nichts über die Richtung des bestehenden Zusammenhangs aus. Nur durch die Berechnung von r weiß man also nicht, welche der beiden Aussagen wahr ist:

- Ein Mann, der 10 cm wächst, wird dadurch tendenziell auch mehr wiegen.
- Ein Mann, der 10 kg zunimmt, wird dadurch tendenziell wachsen.

In diesem Beispiel wird niemand daran zweifeln, dass die Körpergröße die Ursache und das Gewicht die Folge ist und nicht umgekehrt. In Abschnitt 3.1 wurde jedoch deutlich gemacht, dass Big Data Systeme auch Einflussfaktoren auf Korrelation überprüfen, zwischen denen der Anwender keinen Zusammenhang vermutet. In einem solchen Fall könnte sozusagen die Handlungsempfehlung an die Männer erteilt werden mehr zu essen, um zu wachsen und niemand würde an deren Sinnhaftigkeit zweifeln.

Ein ähnlich signifikanter Nachteil der Korrelation ist die Tatsache, dass selbst nahezu perfekter vorliegender linearer Zusammenhang gar nichts über Kausalbeziehungen aussagt. In dem Werk von *Mittag* wird in diesem Kontext der „Zusammenhang" zwischen der geförderten Ölmenge und in Deutschland eingeschulten Kinder genannt. Genauso können verhältnismäßig starke Korrelationen zwischen der Anzahl der Störche und der Geburtenrate im selben Land ermittelt werden (Matthews, 2001, S. 21-23). Gründe für solche Korrelationen sind entweder der Zufall oder das Vorliegen einer nicht betrachteten Zufallsvariablen Z, die sowohl die x-Werte als auch die y-Werte gleichzeitig beein-flusst. Wird in einem solchen Fall ausschließlich x und y betrachtet, erweckt der Korre-lationskoeffizient den Eindruck, dass x und y voneinander abhängig sind, auch wenn gar kein Zusammenhang zwischen ihnen besteht. Dieses Problem wird als Scheinkorre-lation bezeichnet und lässt sich mittels des partiellen Korrelationskoeffizienten beheben. Dazu muss das automatisch agierende Big Data System oder der Nutzer, der es bedient, das ursprüngliche Ergebnis anzweifeln und die jeweilige Drittvariable korrekt identifi-zieren und Daten zu deren Ausprägungen erhoben haben. Es besteht also die akute Ge-fahr, das Big Data Systeme in zahlreichen Fällen die Rechtfertigung für falsche Ma-nagementanweisungen liefern werden und damit unter Umständen den wirtschaftlichen Erfolg des Unternehmens oder die Netzstabilität gefährden werden.

3.5.2 Datenschutzbedenken

Neben den statistischen Problemen kann auch der Datenschutz in der Praxis zu gro-ßen Problemen führen, sodass die damit zusammenhängenden Aspekte geklärt werden müssen (Bühler & Beckert, 2012, S. 7 und 12). Ein Grund dafür ist die Tatsache, dass die im Smart Grid Bereich gesammelten Daten haushaltsbezogen sind und viel über die Lebensgewohnheiten in diesem Haushalt verraten (Bühler & Beckert, 2012, S. 22; Oberwallner, 2012, S. 1). Die Genauigkeit dieser Rückschlüsse auf die Lebensgewohn-heiten hängt dabei von der Genauigkeit der Messung und der Messhäufigkeit ab (Greveler, Justus, & Löhr, 2011, S. 1). Liest man die Daten täglich aus, lässt sich aus ihnen erahnen, ob jemand im Haus war. Ist jemand mehrere Tage in Folge nicht zu Hause, kann daraus geschlossen werden, dass die Bewohner beispielsweise im Urlaub sind (Oberwallner, 2012, S. 2). Werden hingegen Daten hingegen sogar sekündlich er-hoben, kann man Profile darüber erstellen, wann die Bewohner typischerweise zu Hause sind, wann sie schlafen gehen. Zudem lässt sich aus den Daten ableiten, wie viele Per-sonen im Haushalt leben und sogar was für Fernsehsendungen sie zurzeit schauen (Oberwallner, 2012, S. 2; Greveler, Justus, & Löhr, 2011, S. 2). Es kann fernerhin da-von ausgegangen werden, dass die Anzahl der möglichen Erkenntnisse in Zukunft sogar zunehmen wird, da auch die gespeicherte Datenmenge ansteigen wird (Auer & Heng, 2011, S. 14).

Neben der Tatsache, dass schon die bloße Kenntnis dieser Informationen durch den Energieerzeuger einen erheblichen Eingriff in die Privatsphäre des Kunden darstellt, gibt es noch zwei weitere Risikofaktoren. Zum einen brauchen neben dem Energieerzeuger noch zahlreiche andere Akteure im Smart Grid Zugriff auf diese Daten, sodass dem Kunden nicht mehr ersichtlich wird, wer auf diese Daten Zugriff hat (Auer & Heng, 2011, S. 14). Zum anderen haben die zahlreichen publik gewordenen Hackerangriffe auf diverse Server gezeigt, dass auch unberechtigte Dritte potenziell Zugriff auf diese Daten erhalten können (Kim & Thottan, 2011, S. 3). Je mehr Organisationen diese Daten besitzen, desto höher ist die Gefahr, dass solche Angriffe tatsächlich erfolgen werden. Als Konsequenz könnten Verbrauchern individualisierte Reklamen zugeschickt werden. Jedoch können auch Kriminelle diese Informationen nutzen, um ihre Einbrüche zeitlich zu planen. Am Beispiel „Werbung" lässt sich die Datenschutzproblematik aufzeigen: Im Abschnitt 3.3 wurde dargestellt, dass solche Werbung dem Verbraucher sinnvolle Potenziale zum Stromsparen aufzeigen kann. Sie kann jedoch auch als störend und als Eingriff in die Privatsphäre interpretiert werden.

Solche Szenarien können die Akzeptanz von Smart Grid seitens der Verbraucher gefährden (Auer & Heng, 2011, S. 1). Schließlich ist Deutschland dafür bekannt, dem Datenschutz einen hohen Wert beizumessen, was auch der Grund dafür ist, dass das soziale Netzwerk Facebook in Deutschland verhältnismäßig schwach verbreitet ist (Kahle, 2013).

Allerdings scheinen die soeben aufgeführten Datenschutzprobleme zumindest teilweise lösbar zu sein. So ist es wichtig, dem Nutzer transparent zu machen, welche Daten erhoben werden und wer darauf Zugriff hat. Die Transparenz kann darüber hinaus durch ein Auskunftsrecht seitens des Kunden gefördert werden. Fernerhin sollten die Daten so gut wie möglich anonymisiert und nach dem Verstreichen von möglichst kurzen Fristen wieder gelöscht werden. Zudem sollten strenge Kontrollen bezüglich der Einhaltung dieser Richtlinien durchgeführt werden (Auer & Heng, 2011, S. 14). Des Weiteren können Smart Meter derart programmiert werden, dass sie Daten seltener erfassen und die Daten vor der Übertragung aggregieren und absichtlich verrauschen (Greveler, Justus, & Löhr, 2011, S. 5).

3.5.3 Weitere Probleme aus Praxisprojekten und Studien

Neben den bereits thematisierten Problemen werden nun abschließend diejenigen Probleme aufgeführt, die sich in der Praxis herauskristallisiert haben. So hat sich herausgestellt, dass die Integrität, Vollständigkeit und Verlässlichkeit der Daten keineswegs zwangsläufig sichergestellt ist (Haskell, 2012). So müssen sich Akteure, die untereinander Daten austauschen, gegenseitig vertrauen können, dass sie sich nicht absichtlich manipulierte Daten zukommen lassen, um dadurch Wettbewerbsvorteile zu erzielen (Kim & Thottan, 2011, S. 3). Allerdings können falsche Daten auch andere Ursprünge haben. So können Hacker die Firmware der Smart Meter manipulieren oder Daten beim Transport abfangen und verändern. Ziel eines solchen Angriffes könnte die Manipulation von Stromrechnungen sein oder der Versuch, die Stabilität des gesamten Stromnetzes zu manipulieren. Abseits jeglicher krimineller Absichten könnten jedoch auch Bugs in der Firmware von Smart Metern ähnliche Probleme verursachen (Pathmaperuma & Schippl, 2011, S. 17-18).

Weitere Probleme ergeben sich im Bereich der Nutzung der erhobenen Daten. Zum einen gibt es in einigen Unternehmen Uneinigkeit darüber, wem die gesammelten Daten gehören (Vespi & Hazen, 2012, S. 10). Solche Konflikte gefährden die Effizienz der Datennutzung. Zudem fehlen den Unternehmen häufig Experten, die aus den Daten konkrete Handlungsempfehlungen für das Management ableiten können. Deswegen kann das Management in vielen Fällen nur bedingt von Big Data Erkenntnissen profitieren (Vespi & Hazen, 2012, S. 9).

Fernerhin wird angenommen, dass etwa 20 Prozent der erhobenen und gespeicherten Daten gar nicht genutzt werden (Vespi & Hazen, 2012, S. 8). Dies stellt nicht nur das in Abschnitt 3.1 eingeführte „Datafication" Konzept infrage, sondern verursacht auch unnötige zusätzliche Kosten.

Das letzte hier erwähnte Problem betrifft die bereits thematisierten fehlenden Standards im Smart Grid Umfeld. Dieser Missstand sorgt gegenwärtig dafür, dass zum einen Haushaltsgeräte nicht mit den Stromerzeugern kommunizieren können, um diesem beim Prognostizieren des zukünftigen Strombedarfs zu unterstützen (Bühler & Beckert, 2012, S. 22). Zudem verhindern fehlende Standards die Realisierung virtueller Kraftwerke (Kunz, Müller, & Saßning, 2012, S. 21).

Es kann davon ausgegangen werden, dass die fehlenden Standards Investitionen verzögern. Schließlich ist zum einen das Entwickeln proprietärer Kommunikationstechniken kostenaufwendig. Ferner können diese Investitionen proprietäre Technologien sich im Nachhinein nicht amortisieren, falls Standards im Nachhinein beschlossen werden und die Hersteller von ihren Eigenentwicklungen Abstand nehmen müssen.

4. Kritische Würdigung, Fazit und Ausblick

In dieser Seminararbeit wurden zuerst der Begriff „Smart Grid" eingeführt und erläutert und zwecks Strukturierung anhand von drei Stakeholdergruppen deutlich gemacht, welche Anforderungen diese Gruppen an intelligente Stromnetze stellen. Daraufhin wurde der Begriff „Big Data" erläutert und aufgezeigt, wie entsprechende Systeme zur Erfüllung dieser Anforderungen beitragen können. Hierbei wurde deutlich gemacht, dass „Big Data" gegenwärtig von diversen privatwirtschaftlichen Akteuren vorangetrieben wird, die an kritischen Meinungen zu Big Data kein Interesse haben, da sie an entsprechenden Aufträgen Geld verdienen. Da jedoch entsprechende Projekte sehr kostenaufwendig sind und eine vorausgehende kritische Auseinandersetzung erfordern, wurden in dieser Seminararbeit auch bereits aufgetretene und zukünftig möglicherweise auftretende Probleme und Risiken beschrieben. Diese Probleme könnten im Einzelfall dermaßen schwerwiegend sein, dass aufgrund von Big Data Systemen falschen Managemententscheidungen getroffen werden. Ein weiterer Mehrwert dieser Arbeit ergibt sich aus der Übersicht über die potenziellen Datenquellen, aus denen Big Data Systeme Handlungsempfehlungen ableiten können. Schließlich gibt es gegenwärtig keine andere Quelle, die eine solche Übersicht bietet.

Als Ausblick kann gesagt werden, dass zur besseren Einschätzung der Chancen und Risiken von Big Data diese verstärkt wissenschaftlich untersucht werden müssen. Hierbei ist eine Betrachtung der zum Einsatz kommenden Methoden unvermeidbar. In Abschnitt 3.5.3 wurde zudem erwähnt, dass es derzeit strukturelle Probleme bei der Weitergabe und Nutzung der Erkenntnisse der Big Data Systeme im Unternehmen gibt. Zudem wird häufig versäumt, dem Endnutzer wichtige und durchaus vorhandene Informationen bereitzustellen. Wie diese Probleme durch geeignete Unternehmensstrukturen umgangen werden können, muss ebenfalls geklärt werden, denn die besten Erkenntnisse sind wertlos, wenn die zuständigen Entscheidungsträger diese niemals erfahren und niemals in die Tat umsetzen.

Literaturverzeichnis

Alstom. (27. 01 2011). *SMART GRID: The Pacific Northwest Smart Grid Demonstration Project.* Abgerufen am 19. 04 2013 von http://www.alstom.com/Global/Grid/Resources/Documents/Smart%20Grid/The %20Pacific%20Northwest%20Smart%20Grid%20demonstration%20project.pdf

Altmann, G. (03 2013). Neue Entscheidungskultur. *personalmagazin,* S. 22-23.

Auer, J., & Heng, S. (2011). *Smart Grids: Energiewende erfordert intelligente Elektrizitätsnetze.* Frankfurt am Main: Deutsche Bank Research.

Bayer, M. (25. 03 2013). *Hadoop - der kleine Elefant für die großen Daten.* Abgerufen am 24. 04 2013 von http://www.computerwoche.de/a/hadoop-der-kleine-elefant-fuer-die-grossen-daten,2507037

Bühler, J., & Beckert, B. (2012). *Gesamtwirtschaftliche Potenziale intelligenter Netze in Deutschland.* Berlin, Karlsruhe: BITKOM.

Bundesministerium für Umwelt, Naturschutz und Reaktorsicherheit. (10 2011). *Das Energiekonzept und seine beschleunigte Umsetzung.* Abgerufen am 08. 04 2013 von http://www.bmu.de/themen/klima-energie/energiewende/beschluesse-und-massnahmen/

Clancy, H. (12. 10 2012). *Dell, IBM address the smart grid's Big Data challenge.* Abgerufen am 17. 04 2013 von http://www.zdnet.com/dell-ibm-address-the-smart-grids-big-data-challenge-7000005644/

Die österreichische Technologieplattform zum Thema Smart Grid. (kein Datum). *Smart Grids.* Abgerufen am 08. 04 2013 von http://www.smartgrids.at/smart-grids/?

Engler, A. (1. 10 2012). *Dell Smart Grid Data Management Solution Enables Utility Companies to Improve Efficiency.* Abgerufen am 26. 04 2013 von http://www.dell.com/Learn/us/en/uscorp1/secure/2012-10-01-dell-smart-grid-data-management?c=us&l=en&s=corp&delphi:gr=true

Fehrenbacher, K. (15. 08 2011). *Big data meets the smart grid.* Abgerufen am 09. 04 2013 von http://gigaom.com/2011/08/15/BIG-DATA-MEETS-THE-SMART-GRID/

Franks, B. (2012). *Taming The Big Data Tidal Wave: Finding Opportunities in Huge Data Streams with Advanced Analytics.* Hoboken: John Wiley & Sons, Inc.

Greveler, U., Justus, B., & Löhr, D. (10. 09 2011). _Hintergrund und experimentelle Ergebnisse zum Thema „Smart Meter und Datenschutz"._ Abgerufen am 03. 05 2013 von http://1lab.de/pub/smartmeter_sep11_v06.pdf

Groenfeldt, T. (09. 05 2012). _Big Data Meets The Smart Electrical Grid._ Abgerufen am 16. 04 2013 von http://www.forbes.com/sites/tomgroenfeldt/2012/05/09/big-data-meets-the-smart-electrical-grid/

Hackmann, J. (19. 10 2011). _Keine Energiewende ohne IT und TK._ Abgerufen am 19. 04 2013 von http://www.computerwoche.de/a/keine-energiewende-ohne-it-und-tk,2497851,3

Haskell, B. (19. 07 2012). _Big Data Analytics Stories: Consumer Energy Management._ Abgerufen am 2013. 04 2013 von http://www.heise.de/microsites/big-data-so-beherrschen-sie-die-datenflut/praxis/case-study-big-data-analyse-im-energiemanagement/150/308/911/

Haskell, B. (2013). _Pecan Street, Inc.: Smart Grid, Smart Meter, Big Data._ United States: Intel Corporation.

Hintz, K., & Kulka, S. (10 2010). _Intelligent, flexibel, zuverlässig: Netze der Zukunft._ Abgerufen am 08. 04 2013 von http://www.e-energy.de/documents/BDEW_Studie_Netze_der_Zukunft.pdf

Hossain, E., Han, Z., & Poor, V. (2012). _Smart Grid Communications and Networking._ New York: Cambridge University Press.

IBM Corporation Software Group. (2012). _Managing big data for smart grids and smart meters._ New York: IBM Corporation.

IBM Corporation Software Group. (kein Datum). _What is big data?_ Abgerufen am 18. 04 2013 von http://www-01.ibm.com/software/data/bigdata/

Isson, J.-P., & Harriott, J. (2012). _Win with Advanced Business Analytics: Creating Business Value from Your Data._ Hoboken: John Wiley & Sons, Inc.

Kahle, C. (04. 03 2013). _Facebook ist in Deutschland recht wenig verbreitet._ Abgerufen am 03. 05 2013 von http://winfuture.de/news,74951.html

Khan, M. (03. 30 2011). _Smart Grid – A New Data Paradigm for Utilities._ Abgerufen am 03. 05 2013 von http://secleanenergy.gatech.edu/files/Khan.pdf

Kim, Y.-J., & Thottan, M. (16 2011). SGTP: Smart Grid Transport Protocol for Secure Reliable Delivery of Periodic Real Time Data. _Bell Labs Technical Journal_, S. 83-100.

Kincaid, J. (2003). *Customer Relationship Management: Getting it Right!* New Jersey: Hewlett-Packard Books.

Knab, S., Strunz, K., & Lehmann, H. (2010). *Smart Grid: The Central Nervous System for Power Supply.* Berlin: Universitätsverlag der TU Berlin.

Korosec, K. (29. 10 2012). *Using big data to give the smart grid a brain.* Abgerufen am 18. 04 2013 von http://www.smartplanet.com/blog/bulletin/using-big-data-to-give-the-smart-grid-a-brain/4072

Kunz, C., Müller, A., & Saßning, S. (2012). *„Smart Grids" für die Stromversorgung der Zukunft.* Berlin: Agentur für Erneuerbare Energien e. V.

LeHong, H., & Fenn, J. (18. 9 2012). *2012 Emerging Technologies Hype Cycle.* Abgerufen am 09. 04 2013 von http://www.forbes.com/sites/gartnergroup/2012/09/18/key-trends-to-watch-in-gartner-2012-emerging-technologies-hype-cycle-2/

Leopold, G. (13. 12 2012). *'Big data' apps seen driving smart grid rollout.* Abgerufen am 08. 04 2013 von http://www.eetimes.com/DESIGN/POWER-MANAGEMENT-DESIGN/4403367/-BIG-DATA--

Matthews, R. (2001). *Der Storch bringt die Babys zur Welt(p=0,008).* Abgerufen am 04. 05 2013 von http://www.math.uni-paderborn.de/~agbiehler/sis/sisonline/struktur/jahrgang21-2001/heft2/Langfassungen/2001-2_Matth.pdf

Mayer-Schönberger, V., & Cukier, K. (2013). *Big Data: A Revolution That Will Transform How We Live, Work, and Think.* New York: Houghton Mifflin Harcourt Publishing Company.

Melton, R. (2013). *Pacific Northwest Smart Grid Demonstration Project 2012 annual report.* Pacific Northwest.

Minelli, M., Chambers, M., & Dhiraj, A. (2012). *Big Data, Big Analytics: Emerging Business Intelligence and Analytic Trends for Today's Businesses.* Noboken: John Wiley & Sons, Inc.

Mittag, H.-J. (2011). *Statistik - Eine interaktive Einführung.* Berlin, Heidelberg: Springer-Verlag.

Oberwallner, T. (1. 4 2012). *Privacy and Smart Meters / Smart Grid.* Abgerufen am 03. 05 2013 von http://www.net.in.tum.de/fileadmin/TUM/NET/NET-2012-04-1/NET-2012-04-1_04.pdf

Pathmaperuma, D., & Schippl, J. (2011). *Intelligente Stromnetze.* Karlsruhe: KIT Scientific Publishing.

Rothfuss, G., & Ried, C. (2003). *Content Management Mit Xml: Grundlagen Und Anwendungen.* Berlin, Heidelberg, New York: Springer-Verlag.

Rouse, M. (08 2010). *Definition: Hadoop.* Abgerufen am 24. 04 2013 von http://searchcloudcomputing.techtarget.com/definition/Hadoop

Stutts, E. (15. 08 2011). *Smart Grid "Data Tsunami" is Driving Expanded Opportunities for Data Analytics in the Utility Industry, Says Pike Research.* Abgerufen am 19. 04 2013 von http://www.businesswire.com/news/home/20110815005195/en/Smart-Grid-%E2%80%9CData-Tsunami%E2%80%9D-Driving-Expanded-Opportunities

Taube, B. (12. 04 2012). *Big Data Management for Energy and Smart Grid - Creating the Real-Time Utility Enterprise.* Abgerufen am 09. 04 2013 von http://bigdatasmartgrid.eventbrite.com/

Tetpon, S. (24. 10 2011). *Vestas Wind Systems Turns to IBM Big Data Analytics for Smarter Wind Energy.* Abgerufen am 04. 09 2013 von http://www-03.ibm.com/press/us/en/pressrelease/35737.wss

The Apache Software Foundation. (19. 04 2013). *What Is Apache Hadoop?* Abgerufen am 24. 04 2013 von http://hadoop.apache.org/

van der Laan, C., & Hazen, J. (10. 07 2012). *Oracle's "Big Data, Bigger Opportunities" Report: Smart Grids Increase Utilities' Data Collection 180x.* Abgerufen am 15. 04 2013 von http://www.oracle.com/us/corporate/press/1676815

Vespi, C., & Hazen, J. (2012). *Big Data, Bigger Opportunities: Plans and Preparedness for the Data Deluge.* Oracle.